全国技工院校市场营销专业（高级技能层级）
全国高等职业学校市场营销专业

经济学及应用（第二版）习题册

中国劳动社会保障出版社

简介

本习题册与全国技工院校、全国高等职业学校市场营销专业教材《经济学及应用（第二版）》配套使用。习题册按教材章节的顺序编写，包括单项选择题、名词解释、简答题、计算题、论述题、实训题等，题型丰富，难易适中，供学生课后练习使用。

本习题册配有参考答案，可通过职业教育教学资源和数字学习中心（http://zyjy.class.com.cn）免费下载。

本习题册由金焕主编。

图书在版编目(CIP)数据

经济学及应用（第二版）习题册/金焕主编. -- 北京：中国劳动社会保障出版社，2018
全国技工院校市场营销专业. 高级技能层级　全国高等职业学校市场营销专业
ISBN 978-7-5167-3687-6

Ⅰ.①经…　Ⅱ.①金…　Ⅲ.①经济学-高等职业教育-习题集　Ⅳ.①F0-44

中国版本图书馆 CIP 数据核字(2018)第 216723 号

中国劳动社会保障出版社出版发行

（北京市惠新东街 1 号　邮政编码：100029）

*

北京市科星印刷有限责任公司印刷装订　新华书店经销

787 毫米×1092 毫米　16 开本　5.5 印张　124 千字

2018 年 10 月第 1 版　2024 年 8 月第 7 次印刷

定价：11.00 元

营销中心电话：400-606-6496

出版社网址：http://www.class.com.cn

http://jg.class.com.cn

目 录 CONTENTS

模块一　认识经济学

一、单项选择题

1. 经济学理论（　　）。
A. 是基于实验而产生的，所以没有实际用途
B. 是抽象的结果，因此不适合应用于现实
C. 是基于对事实的仔细观察而作出的归纳
D. 对单一经济主体适用，却不适用于经济整体
2. 下列选项中，正确的是（　　）。
A. 经济繁荣时期成立的经济定理在经济萧条时期必定成立
B. 尽管在计量方面并不精确，经济学定理依然有用，因为我们可以运用其对现实事件进行解释预测，并在此基础上对经济人的活动进行控制和调整
C. 由于经济学回答“应该怎样”的问题，所以它是道德体系的分支而不是有关科学的
D. 经济定理像物理学或化学定理一样精确，因此经济学也像物理学和化学一样合乎科学原则
3. 微观经济学解决的问题是（　　）。
A. 整体经济利益的最大化　　B. 资源配置
C. 单一经济主体利益的最大化　　D. 资源利用
4. 下列选项中（　　）是对微观经济的描述。
A. 去年实际国内生产总值增长了 8%
B. 去年失业人口占劳动人口的 11%
C. 去年全国物价总水平上涨幅度达 5.4%
D. 去年小麦平均价格上涨了 7%
5. 微观经济学的中心理论是（　　）。
A. 价格理论　　B. 消费者行为理论
C. 分配理论　　D. 生产理论
6. 宏观经济学的中心理论是（　　）。
A. 失业与通货膨胀理论　　B. 价格理论
C. 国民收入决定理论　　D. 经济周期与经济增长理论
7. 下列选项中（　　）是关于宏观经济学的陈述。
A. 由于工资收入增加，张华强决定每个月多存 200 元钱
B. 由于大蒜的价格上涨，水稻种植户决定改种大蒜

C. 某企业决定多招聘 10 个工人以扩大生产

D. 对 2018 年全国物价总水平和失业率的调查

8. 在任何一个经济社会中，(　　)。

A. 因为资源是稀缺的，所以并不存在资源的浪费

B. 既存在资源的稀缺，又存在资源的浪费

C. 因为存在着资源浪费，所以资源并不稀缺

D. 既不存在资源的稀缺，又不存在资源的浪费

9. 一国生产可能性曲线以内的点表示(　　)。

A. 该国生产处于最佳状态　　B. 该国资源并没有得到充分利用

C. 该国可被利用的资源很少　　D. 通货膨胀

10. 选择具有重要性，基本上是因为(　　)。

A. 人是自私的，每个人的行为都是为了个人私利

B. 相对于人类社会的无穷欲望而言，生产物品所需要的资源总是不足的

C. 政府对市场的影响是有限的

D. 经济要靠市场来解决稀缺性的问题

二、名词解释

1. 经济学

2. 资源的稀缺性

3. 生产可能性

三、简答题

1. 微观经济学和宏观经济学的区别是什么？

2. 微观经济学和宏观经济学的共同点有哪些？

四、计算题

小王有 300 元可用于购买电话卡和钢笔。每张电话卡售价 25 元，每支钢笔售价 50 元。根据社会生产可能性曲线的原理，计算分析在购买的可能性（3 张电话卡、3 支钢笔）、（4 张电话卡、4 支钢笔）、（5 张电话卡、5 支钢笔）的组合中，哪一种组合最合理。

五、论述题

谈谈你对经济学的认识。

六、实训题

选一天早上听听新闻或者阅读一份报纸。

要求：把听到的或看到的简要记录下来，然后分析这些新闻是否属于经济学方面的内容。其中有哪几条属于微观经济学方面的内容，又有哪几条属于宏观经济学方面的内容？

新闻	简要记录	是否属于经济学方面的内容	微观经济学方面	宏观经济学方面
新闻 1				
新闻 2				
新闻 3				
新闻 4				
…				

模块二　价格理论

任务1　价格的形成

一、单项选择题

1. 下列选项中（　　）体现了需求规律。

A. 药品价格上涨，使药品质量得到了提高

B. 照相机价格下降，导致销售量增加

C. 大蒜价格提高，导致游览公园的人数增加

D. 汽油价格提高，导致小汽车的销售量减少

2. 需求规律表明（　　）。

A. 假定其他条件不变，价格和需求量是负相关的

B. 假定其他条件不变，价格和需求量是正相关的

C. 市场中购买者越少，商品价格会越高

D. 消费者在某商品价格较低时购买的数量比在较高价格时要少

3. 某种商品价格下降对其互补商品最直接的影响是（　　）。

A. 互补商品的供给曲线向右移动　　B. 互补商品的需求曲线向左移动

C. 互补商品的需求曲线向右移动　　D. 互补商品的供给曲线向左移动

4. 消费者预期某商品未来价格要下降，则对该商品的当前需求会（　　）。

A. 减少　　B. 增加　　C. 不变　　D. 以上均有可能

5. 当一种商品价格上升时，消费者会转向购买其他价格相对较低的商品，这句话说的是（　　）。

A. 劣等品交易规则　　B. 收入效应

C. 替代效应　　D. 供给规律

6. 如果两种商品是互补商品，则（　　）。

A. 一种商品价格下降会增加对另一种商品的需求

B. 一种商品价格提高会降低对另一种商品的需求

C. 它们是组合在一起使用的

D. 以上均有可能

7. 下述选项中（　　）不会引起牛肉的需求曲线移动。

A. 研究表明食用牛肉会增加人体对胆固醇的吸收

B. 消费者收入水平的提高
C. 牛肉生产企业开展一次促销活动
D. 牛饲料价格上涨
8. 生产技术的改进将（　　）。
A. 使均衡价格提高　　B. 使供给曲线向左移动
C. 使供给曲线向右移动　　D. 使需求曲线向左移动
9. 供给规律表明（　　）。
A. 企业在商品价格较高时更愿意提供更多的商品
B. 供给曲线具有负斜率
C. 消费者在商品价格较高时将购买更多的商品
D. 企业在商品价格较低时将生产更多的商品
10. 生产某种商品的技术革新、产能扩大将会导致这种商品的（　　）。
A. 需求曲线向左移动　　B. 供给曲线向左移动
C. 需求曲线向右移动　　D. 供给曲线向右移动

二、名词解释

1. 需求

2. 供给

3. 需求定理

4. 供给定理

5. 均衡价格

三、简答题

1. 下列事件对产品 X 的需求会产生什么影响？为什么？

（1）产品 X 变得更受欢迎。

（2）产品 X 的替代品 Y 的价格上涨。

（3）预计居民收入将上升。

（4）预计人口数量将有较大的增长。

2. 下列 5 种情况对于整个社会的房屋供给有哪些影响？为什么？

（1）土地价格上涨。

（2）水泥价格下跌。

（3）建筑房屋的技术进步。

（4）房租将要下跌。

（5）从事工业投资的利润增加。

四、计算题

假定某商品的需求函数和供给函数分别为 $Q_d=16-2P$，$Q_s=2+5P$，求该商品的均衡价格和均衡产量。

五、论述题

论述影响需求的因素。

六、实训题

调查学校周围菜市场一周内鸡蛋的价格和销量，填写下表。

要求：根据调查数据画出鸡蛋的价格—销量曲线。

市场 时间	价格（元）	销量（kg）
周一		
周二		
周三		
周四		
周五		
周六		
周日		

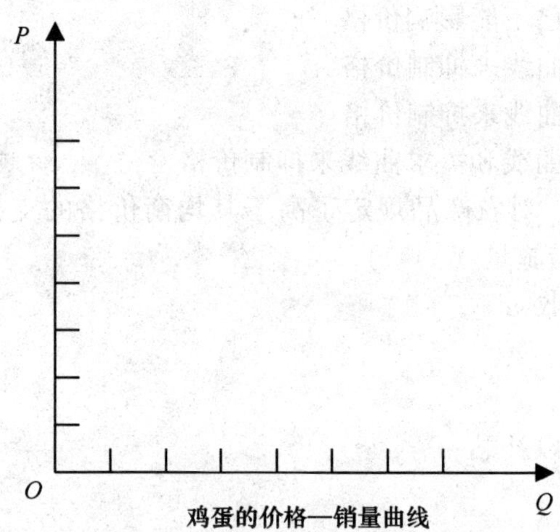

鸡蛋的价格—销量曲线

任务 2　价格的调节

一、单项选择题

1. 价格机制的核心内容是（　　）。

A. 价格形成机制　　B. 价格运行机制

C. 价格调节机制　　D. 价格动力机制

2. 下列选项中（　　）不是价格机制调节经济的条件。

A. 各经济单位作为独立的经济实体存在

B. 存在市场风险

C. 市场存在垄断性

D. 市场竞争的完全性

3. 下列选项中（　　）不是价格政策的主要方式。

A. 支持价格　　B. 下限价格

C. 上限价格　　D. 不支持价格

4. 股票市场上的上市公司年报披露制度是政府的（　　）。

A. 质量管制　　B. 价格管制　　C. 信息管制　　D. 融资管制

5. 市场经济中，企业员工薪资水平的波动及调节根本上是由（　　）决定的。

A. 政府　　B. 企业主　　C. 劳动力市场　　D. 资本市场

6. 政府把价格限制在均衡水平以下可能导致（　　）。

A. 黑市交易

B. 商品积压

C. 买者按低价购买到希望购买的商品

D. 以上均有可能

7. 如果政府利用配给的方法控制价格，这意味着（　　）。

A. 供给和需求的变化已不能影响价格

B. 政府通过移动供给曲线来抑制价格

C. 政府通过移动需求曲线来抑制价格

D. 政府通过移动供给曲线和需求曲线来抑制价格

8. 政府为了扶持农业，对农产品规定了高于其均衡价格的支持价格。政府为了维持支持价格，应该采取的相应措施是（　　）。

A. 增加对农产品的税收

B. 实行农产品配给制

C. 收购过剩的农产品

D. 对农产品生产者予以补贴

二、名词解释

1. 价格机制

2. 支持价格

3. 限制价格

三、简答题

简述价格机制对经济的调节作用。

四、论述题

谈谈价格机制所具有的缺陷。

五、实训题

深圳市集装箱运输行业运力每年以超过50%的速度增长，深圳市已注册的集装箱运输企业就有近2 000家，车辆超过60 000台。由于该行业的恶性价格竞争已使行业利润处于极低水平，深圳市集装箱拖车运输协会于2009年4月1日起试行《深圳市集装箱拖车运输业行业公约》，该公约规定运输企业在经营中不得采取相互压价的形式争夺货源，不得以低于本年度市场指导价15%以下的价格进行恶性价格竞争。请问：该公约的出台能够解决集装箱运输行业恶性价格竞争问题吗？试作图说明。

任务3　定价的方法

一、单项选择题

1. 如果价格下降10%会使购买者总支出增加1%，则这种商品的需求量对价格（　　）。

A. 富有弹性　　B. 具有单位弹性

C. 缺乏弹性　　D. 不能确定是否有弹性

2. 如果一个企业降低其商品价格后发现总收益增加，这意味着该种商品的（　　）。

A. 需求富有弹性　　B. 收入缺乏弹性

C. 需求缺乏弹性　　D. 价格弹性大于1

3. 如果一种商品的需求价格弹性为2，价格由1元上升到1.05元会导致需求量（　　）。

A. 增加10%　　B. 增加5%　　C. 减少10%　　D. 减少5%

4. 假设一种商品的需求无弹性，如果其供给曲线向左移动，那么（　　）。

A. 均衡数量增加，均衡价格保持不变

B. 均衡数量减少，均衡价格保持不变

C. 均衡数量保持不变，均衡价格上升

D. 均衡数量保持不变，均衡价格下降

5. 能够做到薄利多销的商品（　　）。

A. 需求无弹性　　B. 需求富有弹性

C. 具有单位需求弹性　　D. 需求缺乏弹性

6. 当（　　）时，需求对价格是完全无弹性的，即需求量与价格无关，则需求曲线为一条垂直于 x 轴的直线。

A. $E_d=0$　　B. $E_d=1$　　C. $E_d=\infty$　　D. $0<E_d<1$

7. 下列商品中，需求价格弹性最小的是（　　）。

A. 小汽车　　B. 食盐　　C. 时装　　D. 化妆品

8. 如果两种商品其中一种的价格变化时，这两种商品的购买量同时增加或减少，则两者的交叉需求价格弹性系数为（　　）。

A. 0　　B. 正值　　C. 负值　　D. 1

9. 下列商品中需求价格弹性最大的是（　　）。

A. 大白纸　　B. 高档化妆品　　C. 报刊　　D. 面粉

10. 假设需求的收入弹性系数为 0.5，那么当收入变动 5%时，需求量变动（　　）。

A. 0.5%　　B. 5.5%　　C. 4.5%　　D. 2.5%

二、名词解释

1. 需求价格弹性

2. 需求交叉弹性

3. 供给价格弹性

三、简答题

1. 影响供给价格弹性的因素有哪些？

2. 供给价格弹性的分类有哪些？

四、计算题

某商品的需求价格弹性系数为 0.15，现价格为 1.2 元，试问该商品的价格上涨多少元才能使其消费量减少 10%？

五、论述题

论述影响需求价格弹性的因素。

六、实训题

收集经济生活中运用三种需求弹性理论定价的案例，分析其成功之处。

要求：

1. 指出所引案例中运用了哪一种需求弹性理论。
2. 分析各案例中影响该需求弹性的主要因素。

模块三　消费者行为理论

任务 1　消费者满意程度的衡量

一、单项选择题

1. 如果消费者消费 15 个面包获得的总效用是 100 个效用单位，消费 16 个面包获得的总效用是 106 个效用单位，则第 16 个面包的边际效用是（　　）。

A. 108 个　　B. 100 个　　C. 106 个　　D. 6 个

2. 假定某消费者是理性消费者，根据效用理论，某消费者偏好 A 商品甚于 B 商品，原因是（　　）。

A. 商品 A 的价格低　　B. 商品 A 紧俏
C. 商品 A 的用途广　　D. 对其而言，商品 A 的效用大

3. 对于一种商品，消费者得到了最大满足，则意味着该商品（　　）。

A. 边际效用最大　　B. 总效用为零
C. 边际效用为零　　D. 总效用为正

4. 商品的边际效用随着商品消费量的增加而（　　）。

A. 递增　　B. 递减　　C. 先减后增　　D. 先增后减

5. 如果总效用增加，则边际效用（　　）。

A. 为正值　　B. 可能为正值，也可能为负值
C. 必然也增加　　D. 以递增的速率增加

6. 如果消费者只消费一种商品，当总效用达到最大时，边际效用（　　）。

A. 为负值　　B. 为正值但递增
C. 为零　　D. 为正值但递减

7. 边际效用递减规律能够解释（　　）。

A. 收入效用大于替代效应　　B. 供给曲线是向右上方倾斜的
C. 替代效用大于收入效应　　D. 需求曲线是向右下方倾斜的

8. 下列选项中不正确的是（　　）。

A. 基数效用论中效用可以用确定的数字表示出来
B. 基数效用论中效用可以加总
C. 基数效用论和序数效用论使用的分析工具完全相同
D. 基数效用论认为，消费一定量的某物的总效用可以由每增加一个单位的消费所增加

的效用加总得出

9. 在序数效用论中，商品的效用（　　）。

A. 取决于价格　　B. 可以通过确切的数字表示

C. 取决于使用价值　　D. 可以比较

10. 下列选项中关于边际效用说法不正确的是（　　）。

A. 边际效用可能为负值

B. 边际效用与总效用呈同方向变动

C. 通常情况下，消费者消费商品服从边际效用递减规律

D. 在边际效用大于等于零时，边际效用与总效用反方向变动

二、名词解释

1. 效用

2. 总效用

3. 边际效用

三、简答题

1. 边际效用递减规律是什么？

2. 总效用与边际效用的关系是什么？

四、计算题

如果你用必须消费支出的 100 元去市场上购买面包与饮料，其中，面包的价格为每千克 10 元，饮料的价格为每千克 20 元。假定它们的边际效用如下表，那么你购买多少面包和饮料可以实现效用最大化（即消费者均衡）？为什么？

面包（kg）	边际效用	饮料（kg）	边际效用
1	100	1	200
2	90	2	170
3	80	3	140
4	70	4	110
5	60	5	80
6	50		
7	40		
8	30		
9	20		
10	10		

五、论述题

免费发放给消费者一定量的食物与发给该消费者按市场价格计算的这些食物折算的现金，哪种方法给其带来的效用更大？请用无差异曲线说明。

六、实训题

调查收集本班或其他班级学生在餐饮、通信、购物、娱乐、图书等有关方面的消费数据。

要求：通过对所收集的数据进行分析，了解被调查同学的消费偏好，并给出相应的消费建议。

任务2　消费者均衡的实现

一、单项选择题

1. 同一条无差异曲线上的不同点表示（　　）。

A. 效用水平不同，但所消费的两种商品组合比例相同

B. 效用水平不同，两种商品的组合比例也不相同

C. 效用水平相同，但所消费的两种商品组合比例不同

D. 效用水平相同，两种商品的组合比例也相同

2. 消费可能线反映了（　　）。

A. 消费者的偏好　　B. 消费者的收入约束

C. 消费者人数　　D. 货币的购买力

3. 消费者效用最大化的点必定落在（　　）。

A. 消费可能线右侧区域　　B. 消费可能线上

C. 消费可能线左侧区域　　D. 消费可能线上和左侧区域

4. 在一条无差异曲线上（见下图），（　　）。

A. 消费 X 获得的总效用等于消费 Y 获得的总效用

B. 消费 X 获得的边际效用等于消费 Y 获得的边际效用

C. 曲线上任意两点对应的消费组合所带来的总效用相等

D. 曲线上任意两点对应的消费组合所带来的边际效用相等

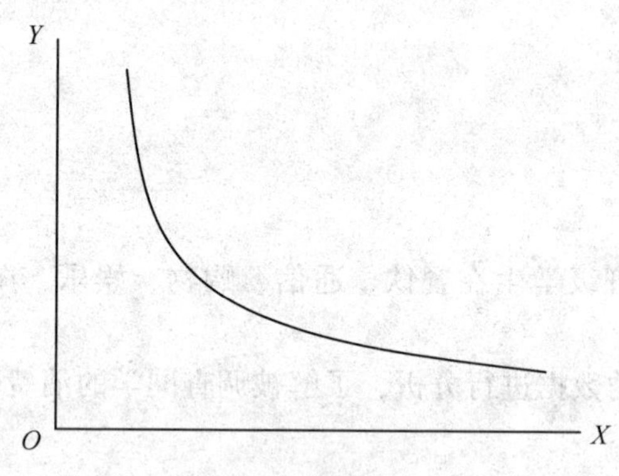

无差异曲线图

5. 如果消费者的无差异曲线是垂直曲线，这表明该消费者对（　　）的消费已到达饱和（X 由横轴度量，Y 由纵轴度量）。

A. 商品 Y　　B. 商品 X 和 Y

C. 商品 X　　D. 以上都不正确

6. 消费可能线的位置和斜率取决于（　　）。

A. 消费者的收入和商品的价格　　B. 消费者的收入

C. 消费者的偏好、收入和商品的价格　　D. 状态不可确定

7. 两种商品的价格不变，消费者的收入增加时，消费可能线将（　　）。

A. 斜率不变，位置不变　　B. 斜率不变，位置向右上方平移

C. 斜率变化，位置不变　　D. 斜率不变，位置向左下方平移

8. 关于实现消费者均衡的条件，下列选项中（　　）不正确。

A. 在基数效用论下，商品的边际效用之比等于其价格之比

B. 在基数效用论下，两种商品的边际替代率等于其价格之比

C. 基数效用论与序数效用论的均衡条件实质是相同的

D. 均衡状态下，消费者增加一种商品的数量所带来的效用增加量必定大于减少的另一种商品所带来的效用减少量

9. 当消费者的真实收入上升时，他将会（　　）。

A. 购买更少的低档品　　B. 增加消费

C. 移到更高的无差异曲线上　　D. 以上都正确

10. 下图所示为恩格尔曲线，则下列选项中（　　）正确。

A. X 为高档品　　B. X 为必需品

C. X 为低档品　　D. X 为正常品

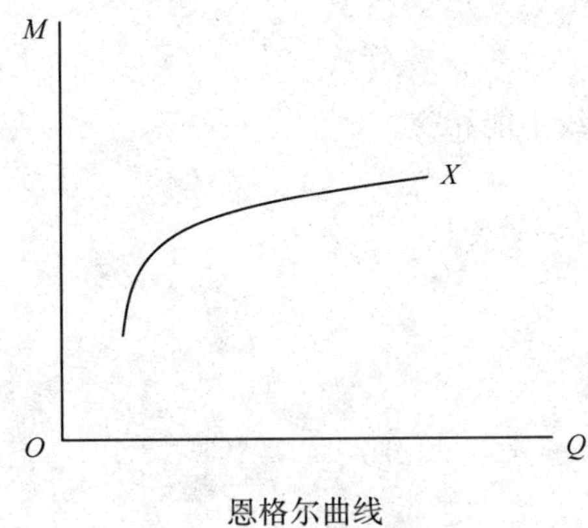

恩格尔曲线

二、名词解释

1. 消费者均衡

2. 无差异曲线

3. 消费可能线

三、简答题

1. 无差异曲线具有哪些特征？

2. 为什么两条无差异曲线不能相交？

四、计算题

消费 x、y 两种商品的消费者效用函数为 $u=x^2y$，两种商品的价格分别为 $P_x=4$，$P_y=2$，消费者的收入为 $m=30$，求其对 x、y 的需求量。

五、论述题

使用无差异曲线和消费可能线作图，说明实现效用最大化的产品组合是如何决定的。

六、实训题

调查收集本班或其他班级学生每个月的生活费以及他们消费方面的数据。

要求：运用无差异曲线和消费可能线对所收集的数据进行分析，并给出相应的消费建议。

模块四　厂商理论

任务 1　生产阶段的认定

一、单项选择题

1. 当劳动的边际产量为负数时，处于（　　）。

A. 劳动投入的第Ⅰ阶段　　B. 资本投入的第Ⅲ阶段

C. 劳动投入的第Ⅱ阶段　　D. 劳动投入的第Ⅲ阶段

2. 对于一种可变生产要素的生产函数 $Q=f(L, \bar{K})$ 而言，当总产量达到最大值而开始递减时，边际产量处于（　　）阶段。

A. 递减且边际产量小于零　　B. 递减且边际产量小于零

C. 边际产量等于 0　　D. 无法确定边际产量值

3. 当边际产量为零时，下列各选项中正确的是（　　）。

A. 平均产量为零　　B. 总产量达到最大

C. 总产量递减　　D. 平均产量递增

4. 对于生产函数 $Q=f(L, \bar{K})$，当平均产量达到最大值时，（　　）。

A. 总产量达到最大值

B. 总产量仍处于上升阶段，还未达到最大值

C. 边际产量达到最大值

D. 边际产量等于零

5. 如果在短期内某企业的总产量增加，则（　　）。

A. 边际产量也必然增加　　B. 边际产量可能增加也可能减少

C. 边际产量必然减少　　D. 平均产量必然增加

6. 下列说法错误的是（　　）。

A. 只要总产量减少，边际产量一定是负值

B. 只要边际产量减少，总产量也一定减少

C. 边际产量曲线一定在平均产量曲线的最高点与之相交

D. 只要平均产量增加，边际产量一定大于平均产量

7. 某厂商生产一批产品，当生产第 7 个单位产品的总成本是 3.5 元，生产第 8 个单位产品的总成本是 4.6 元，那么该厂商的边际成本是（　　）。

A. 3.5 元　　B. 4.6 元　　C. 8.1 元　　D. 1.1 元

8. 当边际产量大于平均产量时，（　　）。
A. 平均产量增加　　B. 生产技术水平不变
C. 平均产量不变　　D. 平均产量达到最低点

9. 当劳动总产量下降时，（　　）。
A. 平均产量递减且平均产量小于零　　B. 平均产量等于零
C. 边际产量递减且边际产量小于零　　D. 平均产量等于零

10. 下列选项中有关厂商利润收益和成本的关系描述正确的是（　　）。
A. 收益少，成本高，利润大　　B. 收益多，成本高，利润小
C. 收益多，成本低，利润大　　D. 收益多，成本低，利润小

二、名词解释

1. 边际产量

2. 总产量

3. 平均产量

三、简答题

1. 边际产量曲线、总产量曲线和平均曲线之间的关系是什么？

2. 投入要素的边际报酬递减规律的含义及作用条件是什么？

四、计算题

如果某企业仅生产一种产品，并且唯一可变的要素是劳动，固定成本既定。其短期生产函数为 $Q=8L+3L^2-0.1L^3$，其中，Q 是每月的产量；单位为吨；L 是所雇用的工人数。

要求：

（1）要使劳动的平均产量达到最大，该企业需要雇用多少工人？

（2）要使劳动的边际产量达到最大，该企业需要雇用多少工人？

（3）在其平均可变成本最小时，产量是多少？

五、论述题

论述短期生产三阶段理论。

六、实训题

利用互联网调查一家企业的财务部门，收集其有关成本、收益、产量、技术水平、市场销售、投资规模等经济数据。

要求：通过对所收集的数据进行分析，了解该企业生产规模与收益的关系。

任务2 企业短期成本分析

一、单项选择题

1. 其他条件不变，如果厂商的固定成本增加10万元，则（ ）。

A. 平均固定成本和平均总成本会增加

B. 平均可变成本和边际成本会增加

C. 平均固定成本和平均可变成本会增加

D. 平均可变成本和平均总成本会增加

2. 如果在短期内某厂商生产了500单位的产品，总固定成本为750元，平均可变成本为3元，则该厂商此时的平均总成本为（ ）。

A. 3.5元　　B. 5元　　C. 4.5元　　D. 4元

3. 下列选项中，（ ）将使厂商处于不利的竞争状态。

A. 没有不变成本，只有可变成本

B. 有很少的不变成本，其中多数是沉淀成本

C. 有很高的不变成本，其中多数是沉淀成本

D. 有很少的不变成本，其中多数不是沉淀成本

4. 假定在生产10件产品时，某厂商的平均可变成本为22元，平均固定成本为5元，边际成本为30元，由此可知（ ）。

A. 该厂商的平均总成本为35元　　B. 该厂商的平均总成本为57元

C. 该厂商的总成本为57元　　D. 该厂商的总成本为270元

5. 在（ ）的情况下，某厂商会决定停产。

A. 短期可变成本等于短期边际成本　　B. 短期可变成本等于平均可变成本

C. 短期边际成本等于平均可变成本　　D. 平均可变成本等于零

6. 假定在短期内某厂商生产50单位的产品，其平均总成本为150元，平均可变成本为100元，则该企业的总固定成本为（ ）。

A. 2 500元　　B. 5元　　C. 12 500元　　D. 50元

7. 短期边际成本曲线与短期平均成本曲线的相交点是（ ）。

A. 平均成本曲线下降阶段的任何一点

B. 平均成本曲线上升阶段的任何一点

C. 平均成本曲线的最低点

D. 边际成本曲线的最低点

8. 假定某企业全部成本函数为总成本$=30\ 000+7Q-Q^2$，Q为产出数量。那么总可变成本为（ ）。

A. 30 000　　B. $7Q-Q_2$　　C. $7-Q$　　D. $30\ 000\div Q$

9. 如果某企业的总收益为75 000元，其中劳动成本为23 000元，原材料成本为16 500元，企业所有者为其他人工作可赚取15 300元。则对于一个经济学家而言，利润等于

（ ）；对于会计而言，利润等于（ ）。

A. 35 500 元，520 000 元　　B. 520 000 元，35 500 元

C. 25 200 元，585 000 元　　D. 20 200 元，35 500 元

10. 利润最大化的原则是（ ）。

A. 边际成本小于边际收益　　B. 边际成本等于边际收益

C. 边际成本大于边际收益　　D. 边际成本等于平均成本

二、名词解释

1. 可变成本

2. 收益

3. 短期总成本

三、简答题

1. 说明收益相抵点和停止营业点的含义。

2. 下表是某厂商的边际成本、产量和边际收益情况：

边际成本（元）	产量	边际收益（元）
2	2	10
4	4	8
6	6	6
8	8	4
10	10	2

请问：该厂商利润最大化的产量是多少？为什么？

四、计算题

在价格不变的条件下，厂商成本函数为总成本 $=0.1Q^3-2Q^2+15Q+10$，求该厂商停止营业点的价格水平。

五、论述题

总产量、边际产量与平均产量之间的关系是什么？如何根据这种关系确定一种要素的合理投入？

六、实训题

联系一家企业，收集其成本、产量、销售价、收益等财务数据。

要求：通过对所收集的数据进行分析，说明涉及企业盈亏平衡、利润最大和企业关闭的基本状况。

模块五　市场理论

任务 1　完全竞争市场中的厂商均衡

一、单项选择题

1. 在（　　）的情况下，一个完全竞争的厂商会处于短期均衡。

A. 平均可变成本下降　　B. 边际成本下降

C. 平均成本下降　　D. 以上都不对

2. 在完全竞争市场上，厂商短期内继续生产的最低条件是（　　）。

A. 平均可变成本小于平均收益或平均可变成本等于平均收益

B. 平均成本等于平均收益

C. 平均可变成本大于平均收益或平均可变成本等于平均收益

D. 边际成本等于边际收益

3. 在成本不变的一个完全竞争行业中，长期需求的增加会导致市场价格（　　）。

A. 提高　　B. 不变　　C. 降低　　D. 先增后降

4. 在完全竞争的市场中，行业的长期供给曲线取决于（　　）。

A. 短期平均成本曲线最低点的轨迹　　B. 短期边际成本曲线最低点的轨迹

C. 长期平均成本曲线最低点的轨迹　　D. 长期边际成本曲线最低点的轨迹

5. 为使收益最大化，竞争性的厂商将按照（　　）来销售其产品。

A. 低于市场的价格　　B. 市场价格

C. 高于市场的价格　　D. 略低于竞争对手的价格

6. 在完全竞争的条件下，如果厂商把产量调整到平均成本曲线最低点所对应的水平，它（　　）。

A. 将获得最大利润　　B. 不能获得最大利润

C. 是否获得最大利润仍无法确定　　D. 一定亏损

7. 完全竞争厂商能通过（　　）来获得超额利润。

A. 制定一个高于竞争对手的价格

B. 制定一个低于竞争对手的价格

C. 进行技术创新

D. 使其产品有别于其他厂商的产品

8. 假定在某一产量水平上，厂商的平均成本达到了最小值，则（　　）。

A. 厂商的利润为零　　　　　　　　　　B. 厂商获得了最小利润

C. 厂商获得了最大利润　　　　　　　　D. 边际成本等于平均成本

9. 在完全竞争条件下，厂商获取最大利润的条件是（　　）。

A. 厂商生产边际收益大于其边际成本的差额达到最大值

B. 厂商生产边际收益等于边际成本

C. 厂商生产产品价格高于其生产平均成本的差额达到最大值

D. 以上都不对

二、名词解释

1. 完全竞争市场

2. 厂商停止营业点

3. 厂商均衡

三、简答题

1. 为什么完全竞争条件下的厂商不愿意为做广告花钱？

2. 完全竞争市场的假设条件有哪些？

四、计算题

在一个处于完全竞争的成本不变的行业中，每个厂商的长期成本函数为：$LTC=q^3-50q^2+750q$，市场上对产品的需求曲线为：$Q=1\ 500-2p$。

要求：

1. 画出该行业的长期供给曲线。
2. 求长期均衡时的厂商数量。

五、论述题

论述完全竞争市场中的厂商长期均衡。

六、实训题

调查一家完全竞争企业，收集其短期成本与收益情况，填写下表。

要求：通过对资料数据进行分析，根据利润最大化的原则，帮助企业确定最佳产量。

产量	短期总成本	短期平均成本	短期边际成本	平均收益	总收益	边际收益	经济利润

任务 2　垄断市场的厂商均衡

一、单项选择题

1. 完全竞争和垄断竞争的主要区别是（　　）。

A. 产品异质程度　　B. 市场中厂商的数量

C. 长期竞争中厂商获得的利润　　D. 以上都正确

2. 当由某一家企业垄断市场时，商品的平均成本为 15 元；当由两家企业垄断市场时，商品的平均成本为 10 元；当由三家企业垄断市场时，商品的平均成本为 12 元，则该行业的最佳企业组合数是（　　）。

A. 一家　　B. 二家　　C. 三家　　D. 不能确定

3. 当一个行业由自由竞争演变成垄断行业时，则（　　）。

A. 垄断市场的价格大于竞争市场的价格

B. 垄断市场的价格小于竞争市场的价格

C. 垄断市场的价格等于竞争市场的价格

D. 垄断价格具有任意性

4. 完全垄断企业定价的原则是（　　）。

A. 利润最大化　　B. 社会福利最大化

C. 消费者均衡　　D. 生产者均衡

5. 如果政府对一个垄断厂商的限价正好使经济利润消失，则价格要等于（　　）。

A. 边际收益　　B. 平均成本　　C. 边际成本　　D. 平均可变成本

6. 无论在竞争性市场还是在垄断市场中，（　　）时厂商将扩大其产出水平。

A. 价格低于边际成本　　B. 价格高于边际成本

C. 边际收益低于边际成本　　D. 边际收益高于边际成本

7. 垄断厂商利润最大化时，（　　）。

A. $P=MR=MC$　　B. $P>MR=AC$

C. $P>MR=MC$　　D. $P>MC=AC$

8. 完全垄断厂商如果有一个线性需求函数，那么总收益增加时（　　）。

A. 边际收益为零　　B. 边际收益为正值且递减

C. 边际收益为负值　　D. 边际收益为正值且递增

9. 如果一个垄断厂商面对的需求弹性很小，它将（　　）。

A. 降低价格，增加收益　　B. 提高价格，增加收益

C. 提高产量，降低价格　　D. 降低价格，降低成本

10. 当市场需求增加时，垄断厂商会（　　）。

A. 提高价格以增加边际收益　　B. 增加产量以提高价格

C. 减少产量以增加边际成本　　D. 减少产量以降低价格

二、名词解释

1. 完全垄断

2. 市场集中程度

三、简答题

1. 完全垄断的市场条件是什么?

2. 理解长期均衡应注意哪些问题。

3. 完全竞争厂商和垄断厂商的需求曲线和边际收益曲线的形状有什么区别？

四、计算题

假定某完全竞争行业中有 100 家完全相同的厂商，每个厂商的成本函数为：$STC=0.5q^2+q+10$

要求：

1. 求市场的供给函数。
2. 假定市场的需求函数为：$Qd=2\,400-400P$，那么市场均衡价格为多少？

五、论述题

论述垄断市场的形成原因。

六、实训题

调查一家完全垄断企业（比如说公用事业），收集其产品价格及产量方面的资料。

要求： 分析该企业垄断市场的原因，说明它的定价规则以及用什么方法能够实现企业利润最大化。

任务3　垄断竞争市场和寡头垄断市场的厂商均衡

一、单项选择题

1. 当垄断竞争厂商处于短期均衡时（　　）。
A. 一定能获得超额利润
B. 一定不能获得超额利润
C. 只能获得正常利润
D. 获得超额利润、发生亏损及获得正常利润三种情况都可能发生
2. 寡头垄断和垄断竞争之间的主要区别是（　　）。
A. 厂商之间相互影响的程度不同　　B. 厂商的广告开支不同
C. 使单位产品所获得的利润最大　　D. 非价格竞争的数量不同
3. 完全竞争和垄断竞争之间的主要区别是（　　）。
A. 产品异质程度　　B. 市场上厂商的数量
C. 长期竞争中厂商获得的利润　　D. 以上都正确
4. 寡头垄断和垄断竞争之间的主要相同之处是（　　）。
A. 都存在勾结以限制产量　　B. 长期竞争中生产的低效率
C. 行业中都存在法律上的进入壁垒　　D. 以上都正确
5. 寡头垄断厂商的产品是（　　）。
A. 同质的
B. 有差异的
C. 既可以是同质的，也可以是有差异的
D. 以上都不对
6. 无论在竞争性市场还是在垄断市场中，（　　）时厂商将扩大其产出水平。
A. 价格低于边际成本　　B. 价格高于边际成本
C. 边际收益低于边际成本　　D. 边际收益高于边际成本
7. 在一个生产同质产品的寡头垄断行业中，行业利润最大化的条件是（　　）。
A. 价格随主导厂商而定
B. 各厂商无论成本高低，生产一样多的产品
C. 各厂商按照不同水平的边际成本曲线规定不同的价格
D. 各厂商统一价格，但只在边际成本相等处生产
8. 垄断竞争厂商实现最大利润的途径有（　　）。
A. 品质竞争　　B. 调整价格从而确定相应产量
C. 广告竞争　　D. 以上均有可能
9. 在垄断竞争市场长期均衡时，超额利润会等于零，这是由于（　　）。
A. 新厂商进入该行业容易　　B. 产品存在差异
C. 成本最小化　　D. 收益最大化

10. 当垄断竞争行业处于均衡状态时，(　　)。

A. 边际收益高于边际成本　　B. 边际收益等于边际成本

C. 价格高于最低平均成本　　D. 边际成本高于边际收益

二、名词解释

1. 垄断竞争

2. 寡头垄断

3. 博弈均衡

三、简答题

1. 垄断竞争的市场条件是什么？

2. 寡头垄断市场不同于其他市场的特征有哪些？

四、计算题

完全竞争行业中某个厂商的成本函数为：$STC=q^3-6q^2+30q+40$，假定产品的价格为 66 元。试求：利润极大化时的产量以及利润总量。

五、论述题

论述垄断竞争和完全竞争的差异。

六、实训题

调查一家垄断竞争企业或寡头垄断企业，收集其产品价格及产量方面的资料。

要求：分析该企业是如何定价的，以及其定价是如何对整个市场产生影响的。

模块六　分配理论

任务 1　货币工资的决定与变动

一、单项选择题

1. 以下（　　）不是摩擦性失业的类型。

A. 求职性失业　　B. 失职性失业　　C. 寻职性失业　　D. 自愿性失业

2. 菲利普斯曲线是一条描述失业率与工资变动率之间依存关系的曲线，它表示当失业率较低时，货币工资趋向（　　）。

A. 上升　　B. 下降　　C. 不变　　D. 不能确定

3. 如果在某一时期科技发展迅速，人们越来越倾向于采用资本密集型生产方式，则将会导致（　　）。

A. 劳动的供给曲线向左移动　　B. 劳动的供给曲线向右移动

C. 劳动的需求曲线向左移动　　D. 劳动的需求曲线向右移动

4. 劳动的市场供给曲线通常是（　　）。

A. 向后弯曲的

B. 将单个劳动者的劳动供给曲线沿横轴相加而得

C. 向左上方倾斜

D. 以上都不对

5. 在劳动市场中，完全竞争厂商与垄断厂商相比较，付给雇员的劳动报酬将会是（　　）。

A. 较低的工资水平　　B. 相同的工资水平

C. 较高的工资水平　　D. 较多还是较少不确定

6. 如果劳动的边际产品价值大于工资率，则这种情况属于（　　）。

A. 产品市场的垄断　　B. 要素市场的垄断

C. 产品市场的竞争　　D. A 和 B 均正确

7. 对某一给定的经济社会，决定劳动力供给的因素有（　　）。

A. 劳动力供给的数量

B. 标准的或法律规定的每周工作的小时数

C. 在劳动力市场上的劳动力人口的参与率

D. 以上都正确

8. 下列选项中（　　）可以实现既提高工资又避免失业的目的。

A. 劳动的供给曲线富有弹性　　B. 劳动的需求曲线富有弹性

C. 劳动的需求曲线富有弹性　　D. 劳动的需求曲线缺乏弹性

9. 大量的青少年成长为劳动力并进入劳动力市场，这将促使劳动的供给曲线（　　）。

A. 向左移动　　B. 不移动　　C. 向右移动　　D. 以上都不对

10. 随着单个劳动者的劳动供给曲线向后弯曲变化，劳动的市场供给曲线将会（　　）。

A. 向前弯曲　　B. 向后弯曲

C. 仍保持向右上方倾斜　　D. 以上均不对

二、名词解释

1. 工资

2. 生产要素

三、简答题

1. 作图说明完全竞争市场上劳动需求曲线的形状。

2. 作图说明完全竞争市场上劳动供给曲线的形状。

四、计算题

某行业对劳动的需求曲线为 $L=1\,200-10W$，供给曲线为 $L=20W$，其中 L 是每天的劳动需求（供给）量，W 是每日工资，当该行业对劳动的需求与供给相等时，试求该行业的均衡工资与每天劳动的需求量。

五、论述题

工会凭借对劳动力的垄断可以通过哪三种方式达到增加工资的目的？试作图说明。

六、实训题

为了解不同行业工资决定影响因素的差异，请在房地产行业与快递行业中各选择一家企业，调查收集其某些员工的年龄、职务、工资情况、工作时间、危险性、工龄等数据，进行两个行业的工资对比。

要求：通过对所收集的数据进行分析，了解我国工资决定的内在和外在影响因素。

任务 2　利率的决定及利息的作用

一、单项选择题

1. 对资本供给曲线与均衡利息率变动的描述正确的是（　　）。
A. 当产品市场上产品价格提高时，资本的需求曲线向左移动
B. 当产品市场上产品价格下降时，资本的需求曲线向左移动
C. 在生产过程中资本的边际产量提高时，市场均衡利息率将提高
D. 在生产过程中资本的边际产量提高时，市场均衡利息率将降低

2. 与利率成反比关系的是（　　）。
A. 社会平均利润率　　B. 资金供给
C. 物价水平　　D. 银行成本

3. 负利率是指（　　）。
A. 名义利率等于零　　B. 实际利率小于名义利率
C. 实际利率小于零　　D. 名义利率小于实际利率

4. 就决定资产价值的合理方法而言，对资本和利息的任何讨论都暗含着这样的一种指导思想，其指导我们（　　）。
A. 按照预期未来净收入的总额给资本定价
B. 按照预期未来净收入的贴现总额给资本定价
C. 按照购建的原始资本扣除旧费用得到的现值来决定资产价值
D. 决定代表资产净生产率的金额数，通过利息率对生产率进行贴现

5. 资本的特点是（　　）。
A. 资本的供给来源于家庭部门
B. 资本包括有形资本和无形资本两种
C. 资本是在生产过程中被生产出来的，它的数量是不可改变的
D. 资本作为投入要素，目的是为了以此获得更多的商品和劳务

6. 假定年利率为 3%，那么一年后 200 元的现值应该是（　　）。
A. 187 元　　B. 194 元　　C. 206 元　　D. 294 元

7. 按复利计算，年利率为 5%的 100 元贷款，两年后产生的利息是（　　）。
A. 5.25 元　　B. 10 元　　C. 10.25 元　　D. 20 元

8. 在其他情况不变时，若市场的利率提高，任何已给定资产的现值将（　　）。
A. 提高，且对现在而不是未来资产的预期收入越高，现值提高得越多
B. 下降，且对现在而不是未来资产的预期收入越高，现值下降得越多
C. 下降，且对未来资产的预期收入越高，现值下降得越多
D. 提高，且对未来资产的预期收入越高，现值提高得越多

9. 下列选项中，关于计算利率的几个指标中最精确的是（　　）。
A. 当期收益率　　B. 到期收益率

C. 持有期收益率　　D. 贴现收益率

二、名词解释

1. 利息

2. 利息率

3. 资本

三、简答题

1. 资本为什么能带来利息？

2. 利率是如何决定的？

四、计算题

小王于 2018 年 3 月 1 日到银行存入三个月期的定期存款 2 万元，假定对应的存款利率为 1.1%，活期存款利率为 0.35%，小王于 2018 年 7 月 1 日取出该笔存款。在不考虑利息税的情况下，请计算小王可获得多少利息。

五、论述题

试析影响我国利率的主要因素。

六、实训题

通过网络查找收集 2005 年以来的我国居民储蓄存款余额、利率等经济指标的数据。

要求：通过对所收集的数据进行分析，了解这些指标变化的原因、变化的过程及这些变化带来的影响。

任务 3　地租的决定

一、单项选择题

1. 土地价格（　　）。

A. 与地租量成正比，与银行存款利率成反比

B. 与地租量成反比，与银行存款利率成正比

C. 与地租量成正比，与平均利润率成反比

D. 与地租量成反比，与平均利润率成正比

2. 级差地租产生的条件是（　　）。

A. 土地的肥沃程度不同和地理位置差别

B. 农产品的个别生产价格和社会生产价格不同

C. 工业和农业资本有机构成的不同

D. 某种土地的特殊优越性和稀缺性

3. 农产品的社会生产价格总是由劣等地生产条件决定，原因在于农业中存在（　　）。

A. 土地私有权　　B. 土地私有权的垄断

C. 土地经营权　　D. 土地的资本主义经营垄断

4. 级差地租产生的原因是（　　）。

A. 土地私有权的垄断　　B. 土地的资本主义经营垄断

C. 土地的有限性　　D. 土地的等级差别

5. 在完全竞争市场上，土地的需求曲线与供给曲线分别为（　　）。

A. 水平，垂直

B. 向左下方倾斜，向右下方倾斜

C. 向右下方倾斜，向左下方倾斜

D. 向右下方倾斜，垂直于数量轴（横轴）

6. 假定土地的供给数量是固定的，在该土地上开辟一块棉花地，现在对这块种植棉花的土地租用价格征收20%的税收，将导致（　　）。

A. 棉花生产商的租金增加20%

B. 土地使用者的租金减少20%

C. 土地所有者的租金收入减少20%

D. 租金的支出和收入都没有发生变化

7. 在完全竞争市场上，对于某一种用途的土地而言，其地租率的决定因素应为（　　）。

A. 土地的供给曲线　　B. 地主的定价

C. 土地的需求曲线　　D. 以上均不是

8. 厂商的利润与准租金的大小相比而言为（　　）。

A. 前者大于后者　　B. 二者相等

C. 前者小于后者　　　　　　　　D. 无法确定

9. 假定产品价格为 $\bar{P}$，其对应的产量为 $\bar{Q}$（见下图），则准租金应该是指（　　）部分。

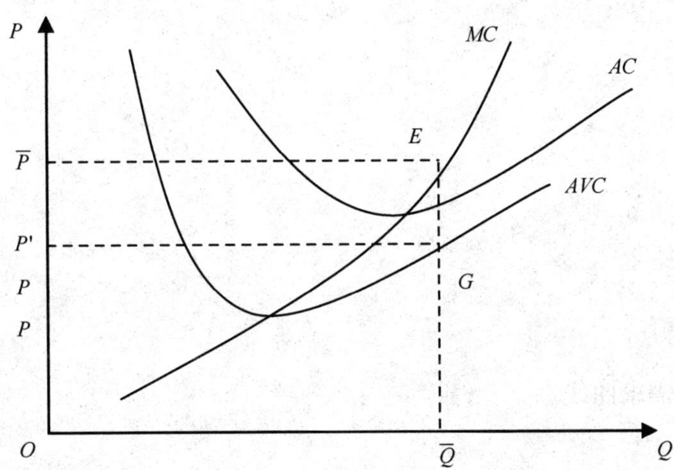

A. $O\bar{P}E\bar{Q}$　　　　　　　　B. $P'\bar{P}EG$

C. $OP'G\bar{Q}$　　　　　　　　D. 以上都不对

10. 假定某位演员的年收入为 100 万元，如果他从事其他工作，最多能得到 20 万元的年收入，那么该演员所获得的经济租为（　　）。

A. 20 万元　　B. 80 万元　　C. 100 万元　　D. 120 万元

二、名词解释

1. 地租

2. 准地租

3. 经济租

三、简答题

1. 画出土地的需求曲线。

2. 画出土地的供给曲线。

四、计算题

某农场决定租赁土地 250 亩，其固定设备的年成本为 12 000 元（包括利息、折旧等），燃料、种子、废料等的年成本为 3 000 元。生产函数为 $Q=72L+20L^2-L^3$，其中 Q 为谷物年产量（吨），L 为雇用的劳动人数，劳动力市场和产品市场均为完全竞争。谷物价格每吨 75 元，按现行工资能实现最大利润的雇用量为 12 人，每年的最大纯利润为 3 200 元，经营农场的机会成本为 5 000 元。试计算每亩土地支付的地租为多少？

五、论述题

试析级差地租形成的条件和根源。

六、实训题

下表为 2018 年 7 月，广州市各区在当月出售的存量住宅均价的算术平均值（元/m²）信息。

排名	行政区	平均单价（元/m²）	环比上月
1	越秀区	52 308	1.41%
2	天河区	51 236	3.13%
3	海珠区	42 556	2.25%
4	荔湾区	34 706	-1.25%
5	白云区	29 121	2.51%
6	黄埔区	28 725	6.87%
7	番禺区	26 697	3.13%
8	南沙区	19 647	5.75%
9	增城区	19 146	4.74%

要求：通过对以上资料数据进行分析，根据地租理论说明广州市各区房价影响因素。

任务 4　衡量收入分配的平均程度

一、单项选择题

1. 洛伦斯曲线越弯曲表明（　　）。

A. 对应的基尼系数越大　　　　B. 社会效率越高

C. 对应的基尼系数越小　　　　D. 收入分配的平均程度越高

2. 四个国家某年的基尼系数分别为 0.32、0.27、0.48、0.38，则在这四个国家中，收入分配最不平均的是（　　）。

A. 第一个国家　　B. 第二个国家　　C. 第三个国家　　D. 第四个国家

3. 基尼系数的增大表明（　　）。

A. 收入不平均程度的增加　　B. 洛伦斯曲线与横轴重合

C. 收入不平均程度的减少　　D. 洛伦斯曲线与纵轴重合

4. 洛伦斯曲线代表（　　）。

A. 税收体制的效率　　B. 税收体制的透明度

C. 贫困程度　　D. 收入不平均的程度

5. 如果收入是完全平均分配的，则洛伦斯曲线将会（　　）。

A. 与纵轴重合　　B. 与 45 度线重合

C. 与横轴重合　　D. 无法判断其位置

6. 在收入完全平均分配的情况下，基尼系数将等于（　　）。

A. 0　　B. 0. 5　　C. 0. 75　　D. 1. 0

7. 下列选项中，关于基尼系数说法不正确的是（　　）。

A. 基尼系数是衡量收入平均程度的指标

B. 基尼系数可在 0 和 1 之间取任何值，收入分配越是趋向平均，基尼系数就越小

C. 某国城市基尼系数从 1996 年的 0. 15 上升至 2018 年的 0. 32，这说明至 2018 年该国城市居民个人收入差距逐步拉大

D. 某国农村地区基尼系数在 20 世纪 90 年代约为 0. 338，处于国际上的相对合理区域

8. 洛伦斯曲线与基尼系数的关系是（　　）。

A. 洛伦斯曲线的弯度越大，基尼系数越大

B. 洛伦斯曲线的弯度越大，基尼系数越小

C. 洛伦斯曲线的弯度越小，基尼系数越大

D. 洛伦斯曲线与基尼系数没关系

9. 洛伦斯曲线越是向横轴凸出，（　　）。

A. 基尼系数越大，收入越不平均

B. 基尼系数越大，收入越平均

C. 基尼系数越小，收入越不平均

D. 基尼系数越小，收入越平均

二、名词解释

1. 洛伦斯曲线

2. 基尼系数

3. 平等和效率

三、简答题

1. 洛伦斯曲线和基尼系数如何体现收入分配的平均程度？

2. 如何处理好平等与效率的关系？

四、计算题

某国人口分为5个等级，每个等级各占总人口的20%，按照每个等级各自在国民收入中所占份额大小（见下表）计算基尼系数，并说明这个国家的收入分配是否平均。[基尼系数计算公式：$G = 1 - \frac{1}{n}(2\sum_{i=1}^{n-1} W_i + 1)$，其中 W_i 表示从第1组累计到第 i 组的人口总收入占全部人口总收入的百分比，i 从1到 $n-1$。]

等级	占人口的百分比	合计	占收入的百分比	合计
1	20	20	6	6
2	20	40	12	18
3	20	60	17	35
4	20	80	24	59
5	20	100	41	100

五、论述题

某国城镇人口的基尼系数在三十年前约为0.18，现在的基尼系数已接近0.4，这说明该国的收入分配发生了哪些变化？如何认识这种变化？

六、实训题

调查收集一定地区（一个县、一个区等）内的人口收入情况。

要求：

1. 将全部调查人口分为 5 组，每组人口占总人口的 20%。

2. 分别计算每一组人口总收入占全部人口总收入的百分比。

3. 按收入由低到高的顺序，计算从第 1 组直到第 5 组的累计人口总收入占全部人口总收入的百分比。

4. 以各组累计人口百分比为横轴，累计收入百分比为纵轴，作出表示每一组的累计人口总收入占全部人口总收入的百分比随累计人口百分比变化而变化的曲线，即洛伦斯曲线。

模块七　国民收入决定理论

任务1　国民收入的核算

一、单项选择题

1. 一国的国内生产总值大于国民生产总值，则该国公民从国外取得的收入（　　）外国公民从该国取得的收入。

A. 大于　　B. 等于　　C. 小于　　D. 不能确定

2. “面包是最终产品，而面粉是中间产品”这一命题（　　）。

A. 一定是对的　　B. 可能是对的，也可能是不对的

C. 一定是不对的　　D. 在任何情况下都无法判断

3. 如果从国民生产净值中计算个人收入，不可以做到的是（　　）。

A. 扣除折旧　　B. 扣除企业的转移支付

C. 扣除间接税　　D. 扣除对社会保障的征税

4. 下列选项中，（　　）不属于要素收入，但要计入个人收入之中。

A. 房租　　B. 养老金　　C. 红利　　D. 银行存款利息

5. 在四部门经济中，一定有（　　）。

A. 家庭储蓄=净投资

B. 家庭储蓄=总投资

C. 家庭储蓄+折旧=总投资+政府支出

D. 家庭储蓄+净税收+进口=投资+政府购买+出口

6. 如果个人收入为960元，个人所得税为100元，消费为700元，利息支付总额为80元，个人储蓄为100元，则个人可支配收入为（　　）。

A. 860元　　B. 800元　　C. 700元　　D. 780元

7. 在一般情况下，国民收入核算体系中数值最小的是（　　）。

A. 国民生产净值　　B. 个人收入

C. 个人可支配收入　　D. 国民收入

8. 按百分比计算，如果名义国内生产总值上升（　　）价格上升的幅度，则实际国内生产总值将（　　）。

A. 小于，下降　　B. 超过，不变　　C. 小于，不变　　D. 超过，下降

9. 下列选项中，不会影响国内生产总值统计的是（　　）。

A. 产品价值的变化　　B. 对政府提供的服务价值的估计
C. 出口的增加　　D. 对非市场商品价值的估计

二、名词解释

1. 国民生产总值

2. 国民生产净值

3. 国民收入

三、简答题

1. 写出5个基本的国民收入总量，并说明它们之间的关系。

2. 下列项目是否计入国内生产总值，为什么？
(1) 政府转移支付。
(2) 购买一辆二手汽车。
(3) 购买股票。
(4) 购买地产。

四、计算题

如果某国某一年份的最终消费为 8 000 亿美元，国内私人投资的总额为 5 000 亿美元（其中 1 000 亿美元为弥补当年消耗的固定资产），政府税收为 3 000 亿美元（其中 2 000 亿美元为间接税），政府支出为 3 000 亿美元（其中政府购买为 2 500 亿美元、政府转移支付为 500 亿美元），出口额为 2 000 亿美元，进口额为 1 500 亿美元。根据以上数据计算该国的国内生产净值、国民生产净值、国民收入、个人收入和个人可支配收入。

五、论述题

论述计算国内生产总值时要注意的问题。

六、实训题

查找《中国统计年鉴》，查看我国近十年来的国内生产总值数值。
要求：要求：分析我国近十年来国内生产总值总量及其增速变化情况。

任务 2　国民收入水平的决定因素

一、单项选择题

1. 如果消费函数为一条向右上方倾斜的直线，则边际消费倾向（　　），平均消费倾向（　　）。

A. 递减，递减　　B. 不变，不变

C. 递减，不变　　D. 不变，递减

2. *IS* 曲线上的点表示（　　）。

A. 投资与储蓄相等时的收入和利率组合

B. 投资与储蓄不相等时的收入和利率组合

C. 货币需求与货币供给相等时的均衡利率水平

D. 投资与储蓄相等时的货币供应与利率组合

3. 如总产出为 275 亿美元，消费为 255 亿美元，计划投资为 30 亿美元，在一个两部门经济中，总产出会（　　）。

A. 保持稳定　　B. 增加　　C. 减少　　D. 无法确定

4. 在四部门经济中，国内生产总值是指（　　）的总和。

A. 消费、净投资、政府购买和净出口

B. 消费、总投资、政府购买和净出口

C. 消费、总投资、政府购买和总出口

D. 消费、净投资、政府购买和总出口

5. 边际消费倾向与边际储蓄倾向之和（　　）。

A. 等于 0　　B. 小于 1　　C. 等于 1　　D. 大于 1

6.（　　）是指储蓄的增量和收入的增量之比率。

A. 边际消费倾向　　B. 边际储蓄倾向

C. 平均消费倾向　　D. 平均储蓄倾向

7.（　　）表示了整个社会的储蓄（私人储蓄和政府储蓄之和）和整个社会的投资的恒等关系。

A. $I=S$　　B. $I=S+(M-X)$

C. $I=S+(T-G)+(M-X)$　　D. $I=S+(T-G)$

8. 储蓄函数表示的是（　　）之间的依存关系。

A. 储蓄和消费　　B. 收入和投资　　C. 投资和消费　　D. 储蓄和收入

9. 消费函数和储蓄函数的关系是（　　）。

A. 消费函数和储蓄函数互为补数，二者之和总是等于收入

B. 消费函数和储蓄函数互为相反数，二者之和总是等于收入

C. 消费函数和储蓄函数互为补数，二者之和总是等于总需求

D. 消费函数和储蓄函数互为相反数，二者之和总是等于总需求

二、名词解释

1. 平均消费倾向

2. 边际消费倾向

3. 边际储蓄倾向

三、简答题

1. 边际消费倾向和边际储蓄倾向之间的关系如何？为什么？

2. 简述总供给曲线图形的三种情况。

四、计算题

假定某人的边际消费倾向恒等于1/2，他的收支平衡点是8 000美元，如果他的收入为1万美元，试计算他的消费额和储蓄额各为多少？

五、论述题

论述总产出既等于总收入又等于总支出的原理。

六、实训题

选定部分人群并调查收集他们的储蓄、收入和消费等相关数据。
要求：分析所收集的数据并计算边际消费倾向和边际储蓄倾向。

模块八　失业与通货膨胀理论

任务 1　失业的衡量

一、单项选择题

1. 由于工作转换所造成的失业属于（　　）。

A. 摩擦性失业　　B. 结构性失业　　C. 周期性失业　　D. 永久性失业

2. 下列选项中，不属于失业人员的是（　　）。

A. 调动工作的间歇在家休养者

B. 半日工

C. 对薪水不满意而待业在家的大学毕业生

D. 季节工

3. 由于钢铁行业不景气所造成的失业属于（　　）。

A. 摩擦性失业　　B. 结构性失业　　C. 周期性失业　　D. 永久性失业

4. 如果某人刚刚进入劳动力队伍尚未找到工作，这种情况属于（　　）。

A. 摩擦性失业　　B. 结构性失业　　C. 周期性失业　　D. 永久性失业

5. 充分就业的含义是（　　）。

A. 人人都有工作，没有失业者　　B. 消灭了周期性失业的就业状态

C. 消灭了自然失业的失业状态　　D. 消灭了自愿失业的失业状态

6. 由于经济萧条所造成的失业属于（　　）。

A. 摩擦性失业　　B. 结构性失业　　C. 周期性失业　　D. 自愿失业

7. 由于劳动者自身素质较差而导致的失业是（　　）。

A. 摩擦性失业　　B. 结构性失业

C. 需求不足性失业　　D. 自愿失业

8. 引起周期性失业的原因是（　　）。

A. 工资刚性　　B. 总需求不足

C. 经济中劳动力的正常流动　　D. 经济结构的调整

9. 假定一国人口为 2 000 万，就业人数为 900 万，失业人数为 100 万，这个国家的失业率为（　　）。

A. 11%　　B. 10%　　C. 8%　　D. 5%

10. 某人由于不愿接受现行的工资水平而造成的失业，称为（　　）。

A. 摩擦性失业　　B. 结构性失业　　C. 自愿失业　　D. 非自愿失业

二、名词解释

1. 失业率

2. 自然失业率

3. 周期性失业

三、简答题

1. 如何理解失业的含义？

2. 自然失业类型中的周期性失业、摩擦性失业、结构性失业和古典失业的原因有何不同?

四、计算题

已知某国的情况：人口 2 500 万，就业人数 1 000 万，失业人数 100 万。

试求：

1. 该国的劳动力是多少?
2. 该国的失业率是多少?
3. 如果摩擦性失业与结构性失业为 60 万人，该国的自然失业率应该是多少?
4. 在实现了充分就业时，该国应该有多少人就业? 在未实现充分就业时，该国的周期性失业率为多少?

五、论述题

论述失业产生的原因。

六、实训题

由教师将班级学生分组，请对你所在组各学生的家庭人口进行调查，填写下表。根据所得到的数据计算所在组学生家庭人口的失业率，并对这些失业者的类型加以界定。

家庭人口情况	人数（人）
总人口	
小于16周岁的人口	
退休人员（男）（60周岁）	
退休人员（女）（55周岁）	
残疾人和其他没有劳动能力者	
家庭妇女	
失业者	
就业者	
学生	

任务 2　通货膨胀的衡量

一、单项选择题

1. 年通货膨胀率在 10%以内的通货膨胀率称为（　　）。
A. 温和的通货膨胀　　B. 急剧的通货膨胀
C. 恶性的通货膨胀　　D. 以上都不对
2. 下列选项中，（　　）不可能同时发生。
A. 结构性失业和成本推动的通货膨胀
B. 需求不足性失业和需求拉动的通货膨胀
C. 摩擦性失业和需求拉动的通货膨胀
D. 失业和通货膨胀
3. 一般而言，通货膨胀会使（　　）。
A. 债权人受损，债务人受益　　B. 债权人和债务人都受益
C. 债权人受益，债务人受损　　D. 债权人和债务人都受损
4. 垄断企业和寡头企业利用市场势力谋取过高利润所导致的通货膨胀，属于（　　）。
A. 结构性通货膨胀　　B. 成本推动的通货膨胀
C. 需求拉动的通货膨胀　　D. 以上都不对
5. 抑制需求拉动的通货膨胀，应该（　　）。
A. 降低工资　　B. 减税
C. 消除托拉斯组织　　D. 控制货币供给量
6. 收入政策主要是用于应对（　　）。
A. 需求拉动的通货膨胀　　B. 成本推动的通货膨胀
C. 需求结构性通货膨胀　　D. 成本结构性通货膨胀
7. 当经济中存在通货膨胀时，应该采取的财政政策工具是（　　）。
A. 减少政府支出和减少税收　　B. 增加政府支出和减少税收
C. 减少政府支出和增加税收　　D. 增加政府支出和增加税收
8. 实际上，为了抑制恶性通货膨胀，政府除了停止货币扩张以外，还必须（　　）。
A. 发行一种新货币替代旧货币　　B. 降低税收和减少政府支出
C. 降低税收和提高政府支出　　D. 提高税收和减少政府支出
9. 应对需求拉动的通货膨胀的方法是采取（　　）。
A. 扩张性的财政政策　　B. 收入政策
C. 紧缩性的财政政策　　D. 以上都不对
10. 根据菲利普斯曲线可知，降低通货膨胀率的办法是（　　）。
A. 降低失业率　　B. 减少货币供给量
C. 提高失业率　　D. 增加财政赤字

二、名词解释

1. 通货膨胀

2. 居民消费价格指数

3. 需求拉动的通货膨胀

三、简答题

1. 简述通货膨胀的衡量指数有哪些。

2. 简述通货膨胀的类型。

四、计算题

假定价格水平在 2015 年为 105.5，2016 年为 109.5，2017 年为 114.5。试求 2016 年和 2017 年的通货膨胀率各是多少。如果以前两年通货膨胀率的平均值作为第三年通货膨胀率的预期值，试计算 2018 年的预期通货膨胀率。

五、论述题

论述治理通货膨胀有哪些政策。

六、实训题

走访附近市场或居民家庭，了解当地的物价状况。

要求：

1. 分析统计收集的数据，说明该地区物价的基本状况。
2. 该地区是否发生了通货膨胀？如果发生了通货膨胀，原因又是什么？该如何应对？

模块九　宏观经济政策

任务1　财政政策作用的发挥

一、单项选择题

1. 如果目前存在通货膨胀缺口，应采取的财政政策是（　　）。

A. 增加税收　　B. 减少税收

C. 增加政府支出　　D. 增加转移支出

2. 若实现削减个人所得税和增加实际国防开支的政策，在短期内将导致（　　）。

A. 总供给减少，物价上涨

B. 总需求增加，从而增加国民收入

C. 总需求减少，从而减少国民收入

D. 因政策相互矛盾而使结果不确定

3. 以下说法正确的是（　　）。

A. 货币供给的迅速变化对总需求具有重大影响

B. 在稳定经济中货币政策的作用大于财政政策

C. 在稳定经济中货币政策的作用小于财政政策

D. 货币政策和财政政策的作用都不大

4. 建设公共项目作为积极的财政政策，其不利因素是（　　）。

A. 绝大部分公共项目对公众没有好处或收益很小

B. 开支增加很可能导致通货膨胀性的价格上升

C. 资源从更需要的地方转到公共项目

D. 一旦开建，要停止这些项目是困难的或要付出高昂的代价

5. 内在稳定器的功能是（　　）。

A. 减少周期性波动　　B. 稳定收入，刺激价格波动

C. 充分保持经济的稳定性　　D. 推迟经济衰退期的到来

6. 减少国债的意图是（　　）。

A. 遏制经济衰退

B. 使货币从债券持有人转移到纳税人

C. 使预算盈余，在其他因素不变的情况下达到紧缩通货的目的

D. 使总需求上升的量与减少的国债量持平

7. 下列选项中，（　　）的财政政策扩张性最强。

A. 减税 100 亿元　　B. 增税 100 亿元

C. 增加政府支出 100 亿元　　D. 减少政府支出 100 亿元

8. 扩张性的财政政策（　　）。

A. 要对经济产生影响就必须与货币政策一起使用

B. 使利率显著提高，从而降低消费

C. 使利率提高，导致国内生产总值组合发生变化

D. 降低了储蓄，进而降低投资

9. 扩张性的财政政策导致（　　）。

A. 利率和投资支出水平上升　　B. 利率上升，收入下降

C. *LM* 曲线右移　　D. 以上均不对

10. 在经济处于严重衰退时，恰当的财政政策应当是（　　）。

A. 减少政府支出　　B. 降低利率

C. 使本国货币升值　　D. 提高利率

二、名词解释

1. 财政政策

2. 公债

3. 扩张性财政政策

三、简答题

1. 简述财政政策工具的内容。

2. 简述相机抉择的财政政策。

四、计算题

已知：消费函数=50+0.75 Y_d（Y_d 为可支配收入），投资=200，税收函数=40+0.2Y（Y 为收入），政府转移支付=24，政府支出=180（单位：亿美元）。

试求：（1）均衡收入是多少？预算是有盈余还是会出现赤字？

（2）为实现预算平衡，若税收不变，政府应增加还是减少支出，额度是多少？

五、论述题

论述宏观经济政策的目标。

六、实训题

实践：查找 2005 年以来我国的财政收支状况、国债发行等经济指标的数据。
要求：通过对所收集的资料进行分析，了解我国财政政策的使用及效果。

任务 2　货币政策作用的发挥

一、单项选择题

1. 如果中央银行采取扩张性的货币政策，可以（　　）。
A. 在公开市场买入债券，以减少商业银行的准备金，使利率上升
B. 在公开市场卖出债券，以减少商业银行的准备金，使利率上升
C. 在公开市场买入债券，以增加商业银行的准备金，使利率下跌
D. 在公开市场卖出债券，以增加商业银行的准备金，使利率下跌

2. 扩张性的货币政策会导致（　　）。
A. 收入和利率同时增加　　B. 储蓄的增加和消费的减少
C. 消费和投资同时增加　　D. 货币政策乘数的增加

3. 假定货币需求不变，紧缩性货币政策将会使（　　）。
A. 利率和货币存量都下降　　B. 利率下降，货币存量增加
C. 利率和货币存量都上升　　D. 利率上升，货币存量下降

4. 下列选项中（　　）不是货币政策工具。
A. 改变税率　　B. 公开市场操作
C. 改变法定准备金率　　D. 改变贴现率

5. 如果货币需求量超过货币供给量，则可预计（　　）。
A. 利率会下降　　B. 货币供给曲线右移动
C. 利率会上升　　D. 货币需求曲线左移动

6. 如果经济陷于严重衰退，正确的货币政策和财政政策应该是（　　）。
A. 卖出政府债券，提高准备金率，降低贴现率，出现财政盈余
B. 买入政府债券，提高准备金率，提高贴现率，出现财政盈余
C. 卖出政府债券，降低准备金率，提高贴现率，出现财政盈余
D. 买入政府债券，降低准备金率，降低贴现率，出现财政赤字

7. 如果中央银行认为通胀压力太大，应采取的紧缩政策为（　　）。
A. 在公开市场出售政府债券　　B. 迫使财政部门购买更多的政府债券
C. 在公开市场购买政府债券　　D. 降低法定准备金率

8. 紧缩性货币政策通常会使（　　）。
A. 总需求曲线向右移　　B. 总需求曲线向左移
C. 总供给曲线向右移　　D. 总供给曲线向左移

9. 假定其他条件不变，紧缩性货币政策将会（　　）。
A. 减少净出口　　B. 降低利率
C. 增加国内生产总值　　D. 降低本国货币的国际价值

10. 货币政策比财政政策更为有效，主要是因为（　　）。
A. 货币政策能够均衡地影响经济的各个方面

B. 货币政策比财政政策有更直接的影响
C. 货币政策的效果比财政政策的效果更容易达到预期
D. 货币政策比财政政策实现起来更快

二、名词解释

1. 法定准备率

2. 公开市场操作

3. 再贴现率

三、简答题

1. 什么是货币政策的中间目标？为什么要运用中间目标？

2. 简述法定准备率的运用。

四、计算题

某商业银行吸收原始存款 5 000 万元，其中 1 000 万元交存中央银行作为法定准备金，1 000 万元作为超额准备金，其余全部用于发放贷款。若无现金漏损，请计算该商业银行派生存款总额的最大值。

五、论述题

论述商业银行的货币创造过程。

六、实训题

下表是 2018 年以来，我国货币供应量的数据。

月份	货币和准货币（M_2）			货币（M_1）			流通中的现金（M_0）		
	数量（亿元）	同比增长	环比增长	数量（亿元）	同比增长	环比增长	数量（亿元）	同比增长	环比增长
2018 年 07 月	1 776 200.00	8.50%	0.34%	536 600.00	5.10%	-1.34%	69 500.00	3.60%	-0.14%
2018 年 06 月	1 770 200.00	8.00%	1.56%	543 900.00	6.60%	3.35%	69 600.00	3.90%	-0.25%
2018 年 05 月	1 743 063.79	8.30%	0.31%	526 276.72	6.00%	0.16%	69 774.81	3.60%	-2.38%
2018 年 04 月	1 737 683.73	8.30%	-0.13%	525 447.77	7.20%	0.36%	71 476.46	4.50%	-1.67%
2018 年 03 月	1 739 859.48	8.20%	0.62%	523 540.07	7.10%	1.26%	72 692.63	6.00%	-10.72%
2018 年 02 月	1 729 070.12	8.80%	0.48%	517 035.99	8.50%	-4.82%	81 424.24	13.50%	9.09%
2018 年 01 月	1 720 814.46	8.60%	2.63%	543 247.13	15.00%	-0.10%	74 636.29	-13.80%	5.65%

要求：通过对上述数据进行分析，理解 M_2、M_1 与 M_0 的定义及三者的关系。